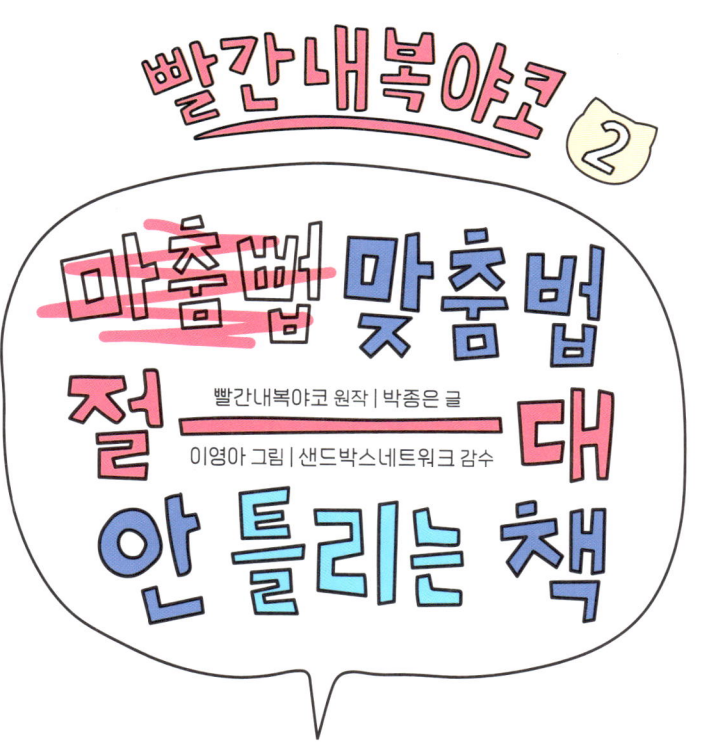

등장인물

이 만화의 주인공.
장난기 넘치지만 맞춤법만큼에는 진심이어서,
맞춤법 강박증에 사로잡혀 있다.
민트 초코를 좋아하고
오이와 파인애플 피자를 싫어한다.

야코의 친척 동생이자,
이 만화의 또 다른 주인공.
맞춤법에 관심도 많고
호기심도 많지만 아직 서툴다.
일명 맞춤법 파괴범!

미래의 사동이

사동이의 맞춤법 흑역사를 막기 위해
미래에서 왔다. 사동이의 눈에만 보이며,
시간을 일시 정지 할 수 있다.

어머니

야코의 어머니이자 사동이의 이모.
잔소리로 랩을 구사하는 일명 K-어머니!

친구들

양양
달라도 너무 다른 입맛 때문에 야코와 자주 티격태격하는 친구.

하몽
야코의 든든한 절친. 친절하고 똑똑하지만 친구들 사이에서는 자주 놀림감이 된다.

네모
가수가 꿈인 긍정적인 친구. 야코의 유일한 여자(인) 친구이기도 하다. 바퀴벌레를 끔찍이 싫어한다.

백설
사동이의 같은 반 친구. 사동이가 맞춤법을 틀려도 북돋아 주는 따뜻한 친구이다.

츄리
무뚝뚝하고 만사를 귀찮아하지만 은근히 정이 많은 친구.

차례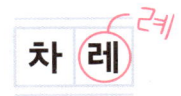

등장인물   2

1장 사자성어·속담·관용구 속 귀막히는 맞춤법

사동이의 일취월장(?)   8
성대모사 vs 성대묘사   10
동에 번쩍 서에 번쩍 vs
동해 번쩍 서해 번쩍   12
위풍당당 vs 위풍담담   14
풍비박산 vs 풍비박살   16
시치미를 떼다 vs 시침이를 떼다   18
혈혈단신 vs 홀홀단신   20
야반도주 vs 야밤도주   22
눈 가리고 아웅 vs 눈 가리고 야옹   24
괴발개발 vs 개발새발   26
호박이 넝쿨째 vs 호박이 덩쿨째   28
기가 막히다 vs 귀가 막히다   30
낫 놓고 기역 자 vs 낫 놓고 기억 자   32
백지장도 맞들면 낫다 vs
백짓장도 맞들면 낫다   34
희희낙락 vs 희희낙낙   36
도긴개긴 vs 도찐개찐   38
늑장 부리다 vs 늦장 부리다   40
쇠귀에 경 읽기 vs 소귀에 경 읽기   42
화룡점정 vs 화룡점점   44

야코와 함께 노래를 ♪♬
▶ 끝까지 틀리지 않고 부를 수 없는 노래 3   46

2장 사동이가 틀려도 수근수근하는 맞춤법

맞춤법 대결   52
바느질 vs 바늘질   54
노약자석 vs 노약좌석   56
살코기 vs 살고기   58
두루마리 vs 두루말이   60
감안하다 vs 가만하다   62
사흘날 vs 사홀날   64
하마터면 vs 하마트면   66
끼어들다 vs 끼여들다   68
눈살 vs 눈쌀   70
통째로 vs 통채로   72
무릅쓰다 vs 무릎쓰다   74
깡충깡충 vs 깡총깡총   76
수군수군 vs 수근수근   78
싫증 vs 실증   80
무난하다 vs 문안하다   82
별의별 vs 벼라별   84
문외한 vs 무뇌한   86
안절부절못하다 vs 안절부절하다   88

야코와 함께 노래를 ♪♬
▶ 살면서 한 번쯤 꼭 해 본 짓   90

3장 이게 왜 틀려!? 아리송한 맞춤법

골목에서 마주친 무서운 형들 94
계산은? 결제 vs 결재 96
등장할 땐? 출현 vs 출연 98
애국가 1탄! 공활 vs 공할 100
애국가 2탄! 보전 vs 보존 102
심부름 일체 vs 일절 가능! 104
응원할 땐? 건투를 빈다 vs 권투를 빈다 106
재활용하자! 우유갑 vs 우유곽 108
약속은? 다르다 vs 틀리다 110
로봇은? 조종 vs 조정 112
다시 만나는 날 머지않아 vs 멀지 않아 114

야코와 함께 부르고 싶은 노래 ♪♬
▶ 애국가 116

4장 아는 만큼 보이는 띄어쓰기·문장 부호

사동이의 엉망진창 일기 120
한번 vs 한 번 122
못하다 vs 못 하다 124
같이 vs 같이 126
한 개, 두 개 vs 한개, 두개 128
큰 형 vs 큰형 130
친구 간과 일주일간 132
만큼 vs 만큼 134
대로 vs 대로 136
여러 가지 문장 부호 138
사동이의 완벽한 그림일기 140

야코와 함께 노래를 ♪♬
▶ 나만 아니면 돼 142

1장

사자성어 * 속담 * 관용구 속
기
~~콱~~막히는 맞춤법

성대모사 vs 성대묘사

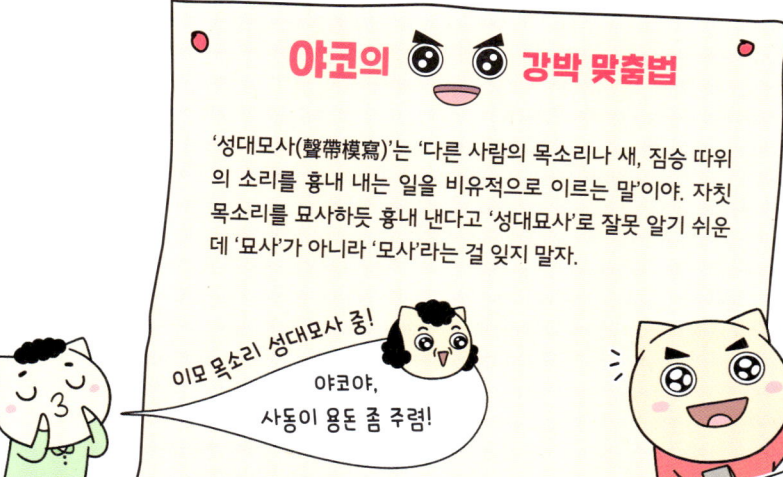

동에 번쩍 서에 번쩍 VS 동해 번쩍 서해 번쩍

위풍당당 vs 위풍담담

풍비박산 vs 풍비박살

내가 실수로 풍비박살 냈어.

풍비박살?

아! 실수! 풍지박살인가?

풍지박살? ㅜㅠ

형네 화분 좀 빌려야겠어. 아빠 오시기 전에 얼른 갈게.

어쩐지 형 반응이 이상하다 했더니 '풍비박산'이었네.

박살이 아니었다니….

다 맞는 사자성어

이 녀석! 깨진 화분과 어울리지 않는 사자성어를 썼군.

야코의 강박 맞춤법

'풍비박산(風飛雹散)'은 한자, '바람 풍(風)+날 비(飛)+우박 박(雹)+흩어질 산(散)'으로 이루어진 사자성어로 바람이 불어 우박이 사방으로 날리듯 흩어지는 모습을 가리켜. 주로 상황이나 계획이 무너지는 경우 사용하고, 물체가 부서졌을 때는 쓰지 않아. 간혹 '풍지박살', '풍비박살' 등으로 잘못 쓰기 쉬우니 잘 기억해 두자.

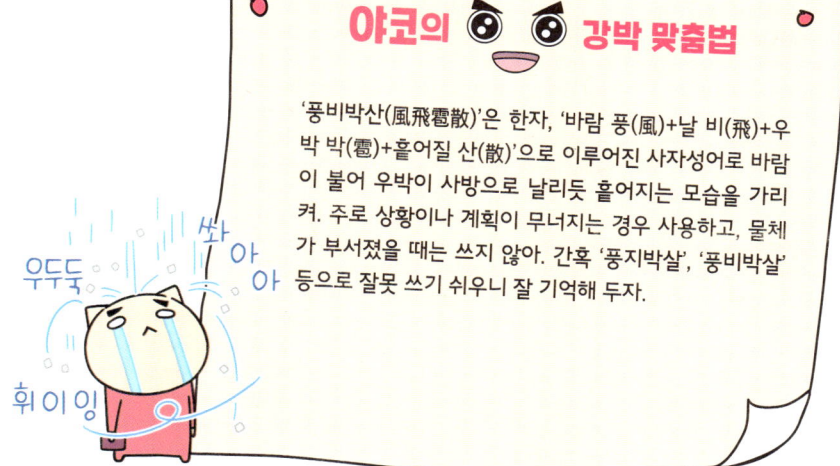

시치미를 떼다 vs 시침이를 떼다

 사동아!

 형!

 아무래도 말해 주는 게 좋을 거 같아서.

 뭔데?

 몬스테라 화분 말이야.

 맞다, 고마워, 형! 덕분에 아빠한테 안 걸렸어.

 그게… 눈치 채신 것 같아. 오늘 우리 집에 전화해서 물어보시더라고.

 정말? 큰일 났다. 나 이제 어떡해?

 사동아, 형 생각에는… 사실대로 말씀드리고 용서를 구하는 게 어떨까?

안 돼~!

아! 그래! 그 방법이 좋겠다!

뭔데?

시침이를 딱 잡아떼는 거지.

분침, 초침이 아니고 시침이야?

아! '시침이를 떼다'가 시계에서 나온 말이구나?

띵~

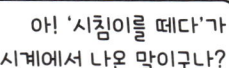

야코의 강박 맞춤법

옛날 고려 시대에는 매사냥을 많이 했다고 해. '시치미'는 사냥을 위해 길들인 매를 잃어버리지 않기 위해 매단 표시야. 그때 남의 매에 달린 시치미를 떼어 버리고는 자신의 매로 둔갑시키는 사람들이 있었대. '시치미를 떼다'는 여기서 나온 말로 자기가 해 놓고 아닌 척, 모른 척할 때 쓴단다.

그 화분은 절대 야코 형네서 가져온 것이 아니라….

시선 회피

혈혈단신 vs 홀홀단신

야코의 강박 맞춤법

'혈혈단신(孑孑單身)'은 '의지할 곳이 없는 외로운 홀몸'을 뜻해. 한자 '외로울 혈(孑)+홀 단(單)+몸 신(身)'으로 이루어져 있어. 사람들이 간혹 '홀홀단신'으로 잘못 쓰기도 하는데, '홀홀'은 작은 물건이 가볍게 날리는 모양을 뜻하는 말이니 헷갈리지 않도록 조심하자.

야반도주 vs 야밤도주

야코의 강박 맞춤법

'야반도주(夜半逃走)'는 '남의 눈을 피하여 한밤중에 도망감' 이란 뜻의 사자성어야. '야반'이 한자 '밤 야(夜)+반 반(半)'으로 한밤중을 의미하는데, 사람들이 이 사자성어를 '야밤도주'라고 잘못 쓰기도 하는 건 아마도 우리말 '밤'과 헷갈리기 때문일 거야.

눈 가리고 아웅 VS 눈 가리고 야옹

으하하! 재밌는데? 또 내 봐.

 그럼 세 번째 문제! 눈, 눈가리개, 고양이!

음… 이건 뭐지? 내가 모르는 속담 같은데?

 헉! 실망이야, 형. '눈 가리고 야옹' 몰라?

사동아, 그 속담은 '눈 가리고 아웅' 같은데? ㅋㅋ

 형! 내가 잘 모른다고 '눈 가리고 야옹' 하는 거 아니지?

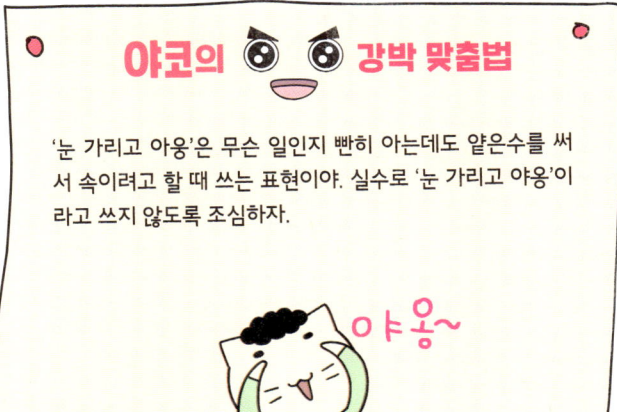

야코의 강박 맞춤법

'눈 가리고 아웅'은 무슨 일인지 빤히 아는데도 얕은수를 써서 속이려고 할 때 쓰는 표현이야. 실수로 '눈 가리고 야옹'이라고 쓰지 않도록 조심하자.

야옹~

괴발개발 vs 개발새발

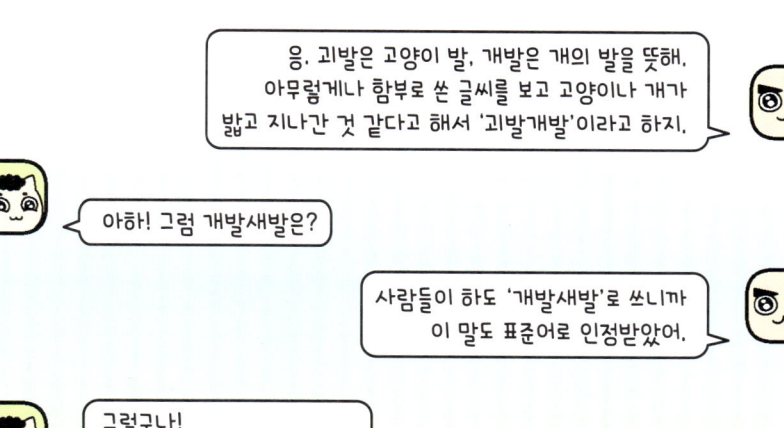

호박이 넝쿨째 vs 호박이 덩쿨째

야코의 강박 맞춤법

'호박이 넝쿨째 굴러떨어지다'는 뜻하지 않게 좋은 일이 생기거나 좋은 물건을 얻게 되었을 때 쓰는 표현이야.
넝쿨은 '길게 뻗어 나가면서 다른 물건을 감기도 하고 땅바닥에 퍼지기도 하는 식물의 줄기'를 말하는데, 비슷한 말로 '덩굴'이 있어. '넝굴'은 덩굴의 방언이고, '덩쿨'은 표준어로 인정하지 않는단다.

기가 막히다 vs 귀가 막히다

쪽지 시험

다음 중 '기가 막히다'와 뜻이 비슷한 표현을 두 개 고르세요.

① 어이가 없다 ② 어처구니가 없다 ③ 코가 막히다
④ 귀가 막히다 ⑤ 의미가 없다

낫 놓고 기역 자
VS 낫 놓고 기억 자

형 형 형! 내가 만든 속담 카드 좀 봐 줘.

낫 놓고 기억 자도 모른다.
무식한 사람은 눈앞에 낫을 놓고도 기억 자가 어떻게 생겼는지 모른다.

짜잔~! 멋지지?

이게 뭐야?

국어 숙제! 속담 그림 카드 만들기가 숙제야. 이거 만드는 데 한 시간도 넘게 걸렸어.

사동아! 그런데… 너 엄청 중요한 걸 틀렸어.

뭔데?

잘 생각해 봐.

음… 모르겠어.

속담 속 맞춤법이 틀렸잖아. 다시 잘 봐 봐.

낫이 아니라 낮인가?

형! 정말 이러기야?
지금 내가 무식해서
맞춤법 틀린 단어 하나 못 찾는다는 거잖아!

정말 속담대로 됐네….

야코의 강박 맞춤법

속담 '낫 놓고 기역 자도 모른다'는 눈앞에 답이 빤히 보이는데도 어리석어서 알아채지 못할 때 쓰는 말이야. 기역 자 모양으로 생긴 낫을 놓고도 기역 자를 모른다는 뜻이지. 여기서 'ㄱ'의 이름인 '기역'을 '기억'이라고 잘못 쓰기 쉬워. 자칫하면 놓치기 쉬운 부분이니 잘 기억하자!

기역을
기억하자!

다음 한글 자음의 이름을 빈칸에 바르게 적어 보세요.

ㄱ(기역) ㄴ( ) ㄷ( ) ㄹ(리을) ㅁ( ) ㅂ(비읍)

ㅅ( ) ㅇ(이응) ㅈ( ) ㅊ( ) ㅋ(키읔)

ㅌ( ) ㅍ( ) ㅎ(히읗)

정답: 니은, 디귿, 미음, 시옷, 지읒, 치읓, 티읕, 피읖

VS 백지장도 맞들면 낫다
백짓장도 맞들면 낫다

 백설아!

 사동아! 무슨 일이야?

 너 속담 카드 만들기 숙제 다 했어?

 응. 사동이 너는?

 나도 다 했지. 어떻게 했는지 보여 줄 수 있어?

 그래, 잠시만….

백지장도 맞들면 낫다.
작고 사소한 일도 여럿이 힘을 모으면 더 쉽게 할 수 있다.

 음… 백설아! 맞춤법이 좀 틀린 거 같은데?

 정말? 어디가?

너 종잇장 알지?
백짓장도 종잇장이니까
백지장이 아니라 백짓장이 맞을걸?

 우아, 정말 그렇겠네!
사동이 너 대단하다!

 뭘~! 네가 그린 종잇장을 보니
금방 알겠더라고.

 사동아!
사전 찾아봤는데, '백지장'이 맞아.

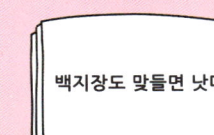
백지장도 맞들면 낫다.

 미안~

야코의 강박 맞춤법

'백지장도 맞들면 낫다'는 '아무리 쉬운 일이라도 서로 힘을 합하면 훨씬 쉽다'라는 뜻의 속담이야. 하얀 종이 '백지(白紙)'와 낱장 '장(張)', 한자+한자로 이루어진 합성어지. 이 경우에는 사이시옷을 쓰지 않아서 '백지장'으로 써야 해.

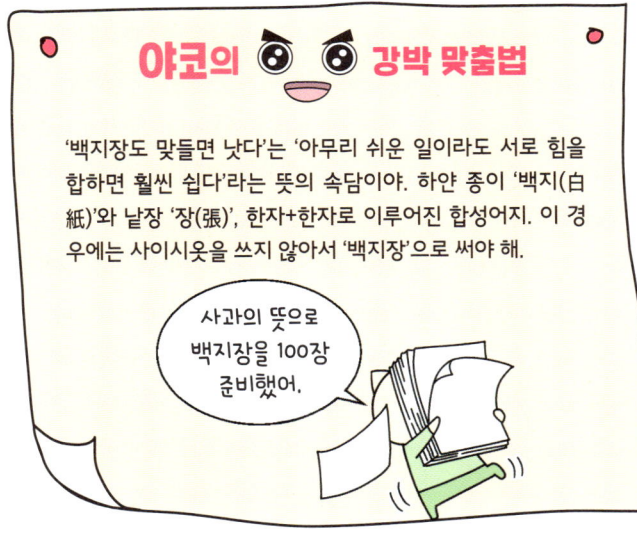

사과의 뜻으로
백지장을 100장
준비했어.

희희낙락 vs 희희낙낙

바로 메일을 보냈지.

받는 사람 : 위즈덤하우스

안녕하세요?
저는 빨간내복야코 형의 사촌 동생,
사동이라고 합니다.
사전에서 오류를 발견했습니다.
희희낙락을 바르게
수정해 주시기 바랍니다.
참! 상품은 뭔가요? 언제 보내 주시나요?
꼭 보내 주세요. 감사합니다.

사동아! 부탁인데, 앞으로 이런 일은
형한테 먼저 물어봐 주면 좋겠어.

 형도 상품이 탐나는구나?
걱정 마! 상품 도착하면
형한테도 나눠 줄게.

야코의 강박 맞춤법

'희희낙락(喜喜樂樂)'은 '매우 기뻐하고 즐거워한다'는 뜻이야. 여기서 한자 樂은 '즐긴다'는 뜻으로 '낙'이라고도 부르고 '락'이라고도 불러. 두음 법칙이 적용돼서 앞말은 '낙'으로 뒷말은 '락'으로 쓴 거지.
두음 법칙은 발음 규칙의 하나야. '어떤 소리가 단어의 첫머리에 오면 발음이 어려워지니 다른 소리로 발음하는 일'을 말해.

늑장 부리다 vs 늦장 부리다

어?
형! 맞춤법 실수했다!

 무슨 맞춤법?

 형도 실수를 하는구나.
처음에는 '늑장'이라고 썼다가
이번에는 '늦장'이라고 썼잖아.

지금 그게 중요한 게 아니잖아!

 헉!
사전 찾아보니 둘 다 맞는 말이래.
역시 우리 야코 형이야!

 사전을 봤다고? ㅜㅠ
역시 아직까지 집이었어.

야코의 강박 맞춤법

느릿느릿 꾸물거리는 태도를 '늑장'이라고도 하고 '늦장'이라고도 해. 이렇게 같은 뜻인데 표준어로 쓰이는 말이 여럿 있는 것을 '복수 표준어'라고 한단다.

쇠귀에 경 읽기 VS 소귀에 경 읽기

야코의 강박 맞춤법

'쇠귀에 경 읽기'에서 '쇠귀'는 '소귀'와 같은 말이야. 그런데 왜 이 속담은 '쇠귀'를 썼을까? 그건 옛날엔 '쇠귀'만 표준어였기 때문이야. '소귀'는 한 단어가 아니었어. 원래는 '소의 귀' 또는 '소 귀'라고 띄어 써야 했지. 요즘 들어 널리 쓰여서 표준어가 된 거란다.
'경(經)'은 '유교 사상과 교리, 또는 부처님의 가르침을 적은 책'을 말해. 소에게 경을 읽어 줘 봐야 알아들을 리 없으니까 '아무리 가르쳐 주어도 알아듣지 못하거나 효과가 없음'을 뜻할 때 쓰는 속담이 되었지. 사자성어로는 '우이독경'이라고 해.

화룡점정 vs 화룡점점

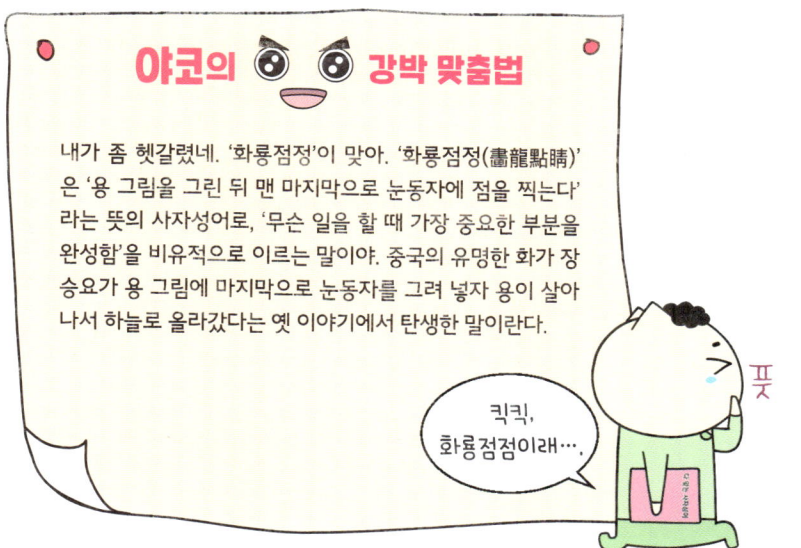

야코와 함께 노래를 ♪♫

이번에는 〈끝까지 틀리지 않고 부를 수 없는 노래〉 3탄으로 돌아왔다! 노래를 따라 부르고 적어 보면서 끝까지 틀리지 않을 수 있는지 도전해 봐!

 QR코드를 찍어 봐!

▶ 끝까지 틀리지 않고 부를 수 없는 노래 3

|◁ ▷|

옛날 옛적 포파포프와 그의 딸 파푸포푸가 있었다.
포파포프는 딸인 파푸포푸와 퍼피 '포포' 키웠다.

어느 날은 미트 소시지 소스 스테이크 스르륵 슬쩍 먹더니
급격히 몸이 자기 몸이 아닌 몸이 된 듯 몸져누워 버렸다.

수틀린 슈틸리케 의학 박사는 퍼피 포포 구하기 위해
단단한 당근밭의 단단한 당근으로 단단한 당근 수프 먹이라고 함.

포파포프와 파푸포푸는 퍼피 포포 살리기 위해
산새들이 속삭이는 산림 숲속 단단한 당근밭에 간다.

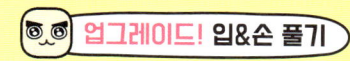 **업그레이드! 입&손 풀기**

단단한 당근밭의 당근이 단단한 당근인지 안 단단한 당근인지 알 수 없어 포파포프와 파푸포푸는 고민한다.

고	민	에		빠	진		둘
보	던		백	발	백	중	
백		법	학		학	사	
백	범	봉	이		뻗	은	
가	지		굳	은		가	지
가	지	가	지		여	러	
가	지		있	는		나	무
옆	을		보	라		한	다.

야코와 함께 노래를 ♪♬

나무 옆을 보니 황금 당근 당당 당근 여러 당근 자라고 있음.
그중에 유독 빛나는 단단한 당근을 파푸포푸가 뽑아냄.

포	파	포	프	와		파	푸
포	푸	는		피	티		모
포		구	하	기		위	해
	단	히		큰			단
단	단		당	근		을	고
	다	다	닥		당	장	
집	에		달	려	감		

포파포프와 파푸포푸는 퍼피 포포 살리기 위해
단단한 당근으로 단단한 당근 수프 만들어 퍼피 포포에게 먹인다.

퍼	피		포	포		김	은
을		찾	으		파	푸	포
푸		앞	에	서		재	롱
부	린	다	.	포	파	포	프
파	푸	포	누		과	소	
포	프		포	와	고	프	
가	문		포	두		행	복
해	졌	다					

저는 살고기만
주세요.
위험을 무릅쓰는 일
수군수군

2장

사동이가 틀려도 ~~수근수근~~ 수군수군 하는 맞춤법

야코의 강박 맞춤법

바느질에서 '-질'은 도구를 나타내는 명사 뒤에 붙어서 '그 도구를 가지고 하는 일'이라는 뜻을 더하는 말이야. 칼을 가지고 하는 일인 '칼질'과 가위를 가지고 하는 일인 '가위질'처럼 말이지. 그런데 바늘을 가지고 하는 일은 왜 바늘질이 아니라 바느질이냐고? 바늘과 질을 연이어 발음하기 어려워, 'ㄹ'을 탈락시키고 '바느질'로 쓰고 발음하기로 했단다. 시월(십+월), 소나무(솔+나무)가 같은 예지.

노약자석 vs 노약좌석

야코의 강박 맞춤법

'노약자석'은 '노인이나 장애인, 임신부 등 약한 사람을 배려하여 마련된 좌석'을 말해. '노약자+석(자리)'으로 만들어진 단어지. 간혹 언뜻 들리는 대로 쓰다가 '노약좌석(노약+좌석)'이라고 잘못 쓰는 경우가 있는데, 사동이처럼 실수하지 않도록 조심하자.

살코기 vs 살고기

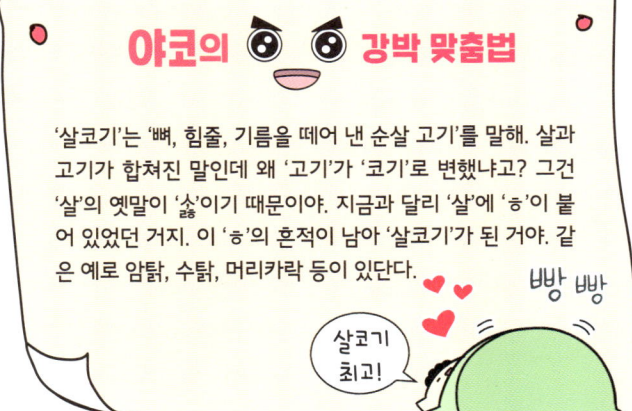

두루마리 vs 두루말이

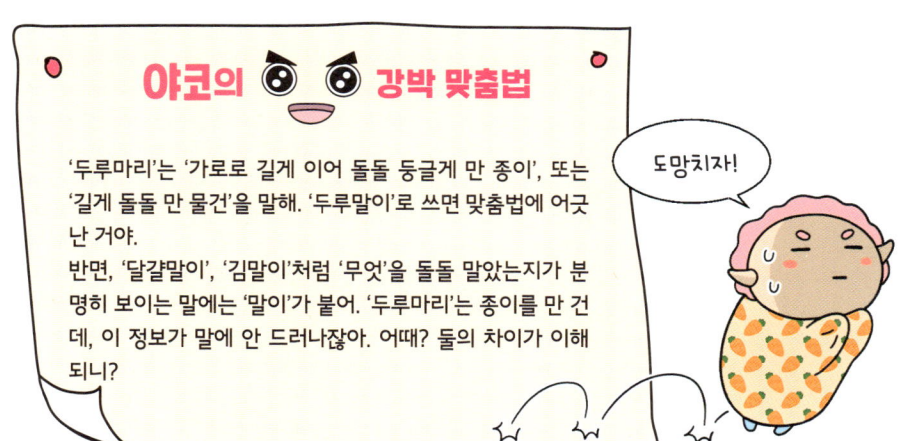

감안하다 vs 가만하다

맞춤법 대결 5라운드가 시작되었습니다.

 모르면 가만히 있는 게 좋을걸? 올바른 맞춤법은!

감안하다

내 맞춤법 실력을 아직도 못 믿는군! 이것도 몰라?

가만하다

사동아, 이건 어느 나라 맞춤법이니?

야코의 강박 맞춤법

'감안하다'는 '여러 사정을 참고해서 생각한다'라는 뜻의 단어야. 사동이처럼 소리 나는 대로 대충 듣고 '가만하다'로 표기하면 틀린 거란다. '가만하다'라는 말은 '움직이지 않거나 아무 말도 하지 않고 있는 상태'라는 뜻이거든.

가만히 있을게.

사흘날 vs 사흘날

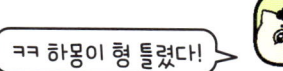
ㅋㅋ 하몽이 형 틀렸다!

아닌데? 맞는데?

그렇단 말이지?

맞춤법 대결 6라운드가 시작되었습니다.

하루, 이틀, 사흘, 세 번째 날은!

사흘날

하나만 알고 둘은 모르는 소리!
올바른 맞춤법은!

사흘날

하몽이 승!

덩실 덩실

야코의 강박 맞춤법

하루, 이틀, 사흘, 나흘…. 날짜를 세는 우리말 아직 잘 기억하고 있지? '사흗날'은 '사흘째 되는 날', 또는 '그 달의 셋째 날'로 사흘날이 아니라 '사흗날'로 적어. 끝소리가 'ㄹ'인 말과 딴말이 어울릴 때 'ㄹ'이 'ㄷ'으로 소리 나면 'ㄷ'으로 적지. '이틀'도 마찬가지야. 끝소리 'ㄹ'이 '날'과 어울리며 'ㄷ'으로 소리 나므로, '이튿날'로 적어야 해.

맞춤법의 길은 멀고도 험난하군….

하마터면 vs 하마트면

하마트면 큰일 날 뻔.

 그러니까 양양아! 조심하자.

맞춤법 대결 7라운드가 시작되었습니다.

형들에게 맞춤법 대결을 신청한다.

하마터면

 하하핫! 정면으로 맞서 주마!

하마트면

 사동이 승!

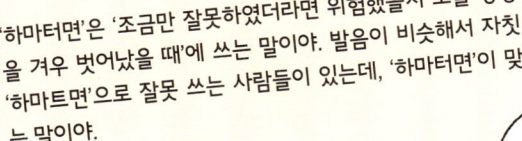

야코의 강박 맞춤법

'하마터면'은 '조금만 잘못하였더라면 위험했을지 모를 상황을 겨우 벗어났을 때'에 쓰는 말이야. 발음이 비슷해서 자칫 '하마트면'으로 잘못 쓰는 사람들이 있는데, '하마터면'이 맞는 말이야.

열심히 공부한 보람이 있군!

끼어들다 vs 끼여들다

눈살 vs 눈쌀

통째로 vs 통채로

사동아, 고기 먹자!

우아! 형들, 삼겹살을 통째로 구웠네!

응, 통채로 구웠지.

맞아 맞아, 통채로!

아닌데… 내가 맞는데….

흐흐, 그럼 대결 한판 할까?

야코의 강박 맞춤법

'통째', '통째로'가 맞는 표현이고 '통채', '통채로'는 틀린 표현이야.
뜻은 '나누지 않은 덩어리 전부'를 말하지. 헷갈리지 않도록 조심하자.

무릅쓰다 vs 무릎쓰다

깡충깡충 vs 깡총깡총

쪽지 시험

두 단어 중 맞춤법이 올바른 단어를 각각 골라 보세요.

① 오뚜기 / 오뚝이   ② 쌍둥이 / 쌍동이
③ 막둥이 / 막동이

야코의 강박 맞춤법

우리말에는 모음 조화라는 게 있어. 양성모음(ㅏ, ㅑ, ㅗ, ㅛ…)은 양성 모음끼리, 음성 모음(ㅓ, ㅕ, ㅜ, ㅠ…)은 음성 모음끼리 모이려고 하는 성질이지. '알록달록', '얼룩덜룩', '아장아장', '어정어정'처럼 말이야. 그런데 사람들이 '깡총깡총'보다 '깡충깡충'을 더 많이 사용하면서 '깡충깡충'이 표준어가 되었지.

시무룩

수군수군 vs 수근수근

쪽지 시험

수군수군과 비슷한 말로 쓸 수 있는
표준어가 <u>아닌</u> 것을 모두 골라 보세요.

① 소곤소곤   ② 쏘곤쏘곤   ③ 쑤군쑤군
④ 소근소근   ⑤ 쑤근쑤근

정답: ④, ⑤

야코의 강박 맞춤법

'남이 알아듣지 못하도록 낮은 목소리로 자꾸 가만가만 이야기하는 소리나 그 모양'을 나타내는 말은 '수군수군'이 맞을까? '수근수근'이 맞을까? 고개를 갸웃거리며 생각해 봐도 자꾸만 헷갈린다고? 정답은 '수군수군'이야. 비슷한 말로 '소곤소곤', '쑤군쑤군', '쏘곤쏘곤'이 있으니 함께 기억하자.

싫증 vs 실증

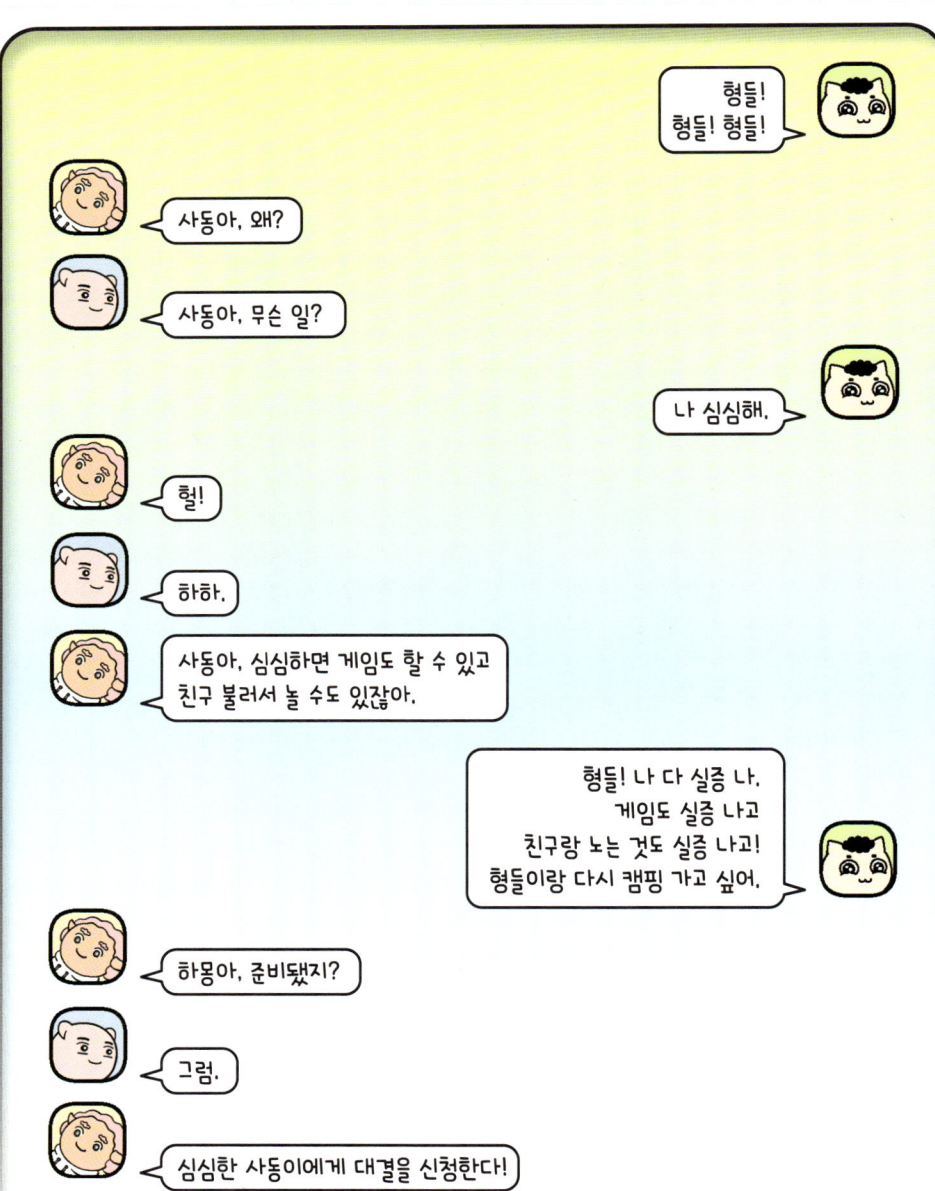

맞춤법 대결 14라운드가 시작되었습니다.

 싫은 생각이나 느낌, 그런 반응은!

 싫증

쳇! 아닐걸?

실증

 뭐야? 또 대결했어? 이번엔 하몽이랑 양양이가 맞았네.

야코의 강박 맞춤법

'싫증'은 '싫은 생각이나 느낌'을 말해. '싫다'의 어간 '싫'과 '증세'를 뜻하는 명사 '증(症)'이 합쳐진 말이지. '싫증을 내다, 싫증이 나다'처럼 쓰여. '실증'이라고 쓰는 건 잘못된 표현이란다.

매번 지니까 맞춤법 대결 싫증 나! 힝~

무난하다 vs 문안하다

사동아, '문안해' 맞아? 다시 생각해 봐.

 왜? 형들, 문안하단 말 몰라?

맞춤법 대결 15라운드가 시작되었습니다.

 흠잡을 데나 단점이 없을 때!

문안하다

 사동아, '문안'은 웃어른께 안부를 여쭙는 인사고! 이럴 땐!

무난하다

 우리 사동이, 또 졌네. 이제 그만 형들 방에서 나가 줄래?

 왜? 사동이 있으니까 훨씬 재밌어.

 안 돼, 절대 나가지 마!

 형들, 고마워.

야코의 강박 맞춤법

'무난하다'와 '문안하다'는 완전히 다른 뜻의 단어야.
'무난하다'는 '흠잡을 데나 단점이 없다'라는 뜻이고, '문안하다'는 '웃어른께 안부를 여쭈다'라는 뜻이지.
두 단어를 헷갈려 틀리는 일이 없도록 주의하자.

형님께 문안 인사 올립니다.

별의별 vs 벼라별

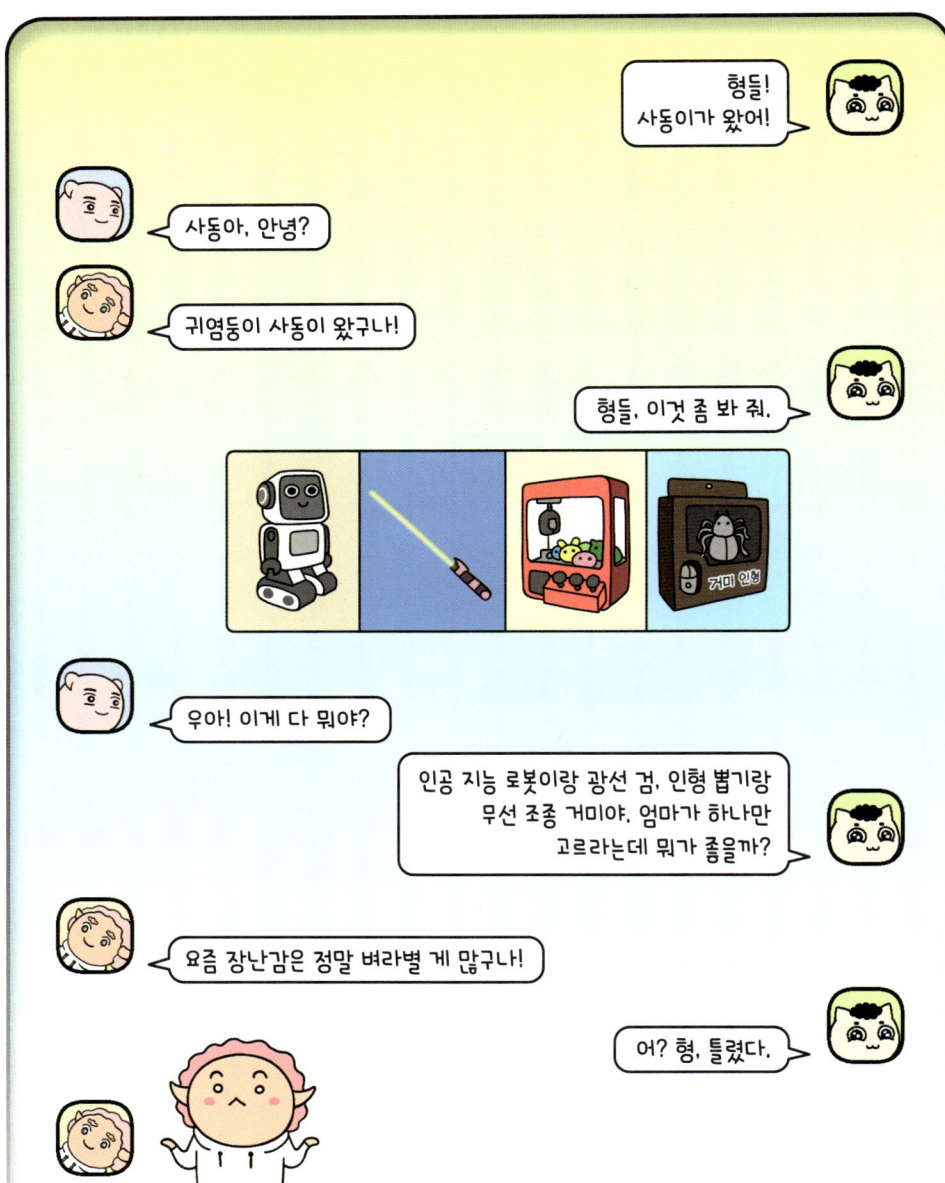

응. 아닌데? 뭐가?

맞춤법 대결 16라운드가 시작되었습니다.

'일반적인 것과 다른 갖가지'라는 뜻을 가진 단어는!

별의별

사동아, 웬 별의별? 별똥별? ㅋㅋㅋ

벼라별

이번엔 우리 사동이 승!

야코의 강박 맞춤법

'별의별'은 '보통과 다른 갖가지의'라는 뜻이야. '별의별'을 말할 때 발음이 비슷한 '별에별', 또는 양양이처럼 '벼라별'로 잘못 쓰기 쉬운데 틀리지 않도록 주의해야 해. '별의별'과 비슷한 말로는 '별별'이 있어. "요즘 장난감은 정말 별별 게 많구나!"처럼 쓰이지. 어때? 언제 어디서 들어 본 말 같지?

다 갖고 싶어···.

끙

아직도 못 골랐어?

문외한 vs 무뇌한

안절부절못하다 vs 안절부절하다

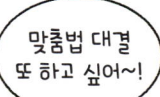

야코와 함께 노래를 ♪♬

야코의 노래 가운데 〈살면서 한 번쯤 꼭 해 본 짓〉은 특히 구독자들의 열띤 공감을 불러일으켰어. 바른 맞춤법에 O 표시 하며 노래를 따라 불러 보고, 나만 하는 것 같은 이상한 행동은 무엇인지 노랫말로 새로 써 봐.

QR코드를 찍어 봐!

▶ 살면서 한 번쯤 꼭 해 본 짓

|◁ ⏸ ▷|

불 껐다 켜기. 따다다다다!
오레오 크림과 쿠키를 분리하기.

냉장고 열었다 (닫았다) (닿았다) 열었다.

살짝, 어? 꺼졌다!
엠엔엠 초록색만 먹기.
선풍기 앞에서 우아아아아 입 벌리기.

솔직히 나만 이래? 절대 아니잖아. 그치?

나도 내가 왜 이런지 몰라.
다들 (그러잖아.) (그러잖아.) 그치?

 도전! 맞춤법 공감

장롱 침대 밑에 들어가 버리기.
문틀에 다양한 자세로 (매달려) (메달려) 버리기.

의자들 (쌓고) (쌌고) 그 위에 앉아 보기.
샤워하고 나서 거울에다 그리기.
빨래집게로 입 (짚어) (집어) 보기. 아악! 아파!
이불 속에서 으으으으 지르기.
사촌 동생과 홈 밴드 만들기.

솔직히 나만 이래? 절대 아니잖아. 그치?

솔직히, 나만 하는 이상한 행동은?

정답: 매달려 / 쌓고 / 집어

가을 하늘 공활한데
높고 구름 없이
앞으로 권투를
빕니다.

3장

이게 왜 ~~틀려?~~ 달라?
아리송한 맞춤법

후다닥
누구게?

골목에서 마주친 무서운 형들

등장할 땐?
출현 VS 출연

야코의 강박 맞춤법

'출현'과 '출연'은 모두 '등장하다', '나타나다'란 뜻을 가졌지만 쓰임새는 서로 달라. '출현'은 단순히 무언가가 나타나서 보이는 여러 상황에서 쓰이지만, '출연'은 연기나 공연과 관련이 있을 때 쓰여. '연극 무대에 출연하다', '텔레비전 프로그램에 출연하다'처럼 말이야.

애국가 1탄!
공활 VS 공활

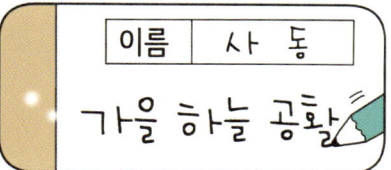

야코의 강박 맞춤법

애국가 3절은 '가을 하늘 공활한데 높고 구름 없이…'로 시작해. 여기서 '공활'은 '텅 비고 매우 넓은 상태'를 나타내는 말이지. 사동이처럼 '공할'로 잘못 써서는 안 돼. '공할하다'라는 단어는 사전에 없거든.

애국가 2탄!

보존 vs 보전

형 형!

사동아, 벌써 학교 끝났어?

응. 집에 가는 길.
나 형한테 급히 물어볼 게 있어서.

뭔데? 물어봐.
아프지 않게 살살.

형! 안 웃겨.
아재 개그 좀 자재해 줄래?

사동아, '자재하다'가 아니고 '자제하다'야.

아, 그렇구나!
형! 그럼 '보전' 하고 '보존' 하고 어떻게 달라?

아… 그건 말이야….
그런데 형이 지금 화장실이라서^^; 잠시만 기다려 봐.

쪽지 시험

다음은 애국가의 한 소절입니다.
( )안에 들어갈 알맞은 말을 고르세요.

대한 사람 대한으로 길이 ( )하세.

① 보전 ② 보존 ③ 보정 ④ 보수 ⑤ 보호

정답: ①

야코의 강박 맞춤법

애국가 후렴 마지막 구절에 '길이 보전하세'란 가사가 있지? '보존'과 '보전', 두 단어는 의미가 비슷하지만 조금 달라서 그때그때 문맥에 맞게 잘 써야 해.

'보전(保全)'은 '온전하게 보호하여 유지함', '보존(保存)'은 '잘 보호하고 간수하여 남김'.

예를 들면, '환경을 잘 유지한다'는 뜻으로는 '환경 보전'을 쓰고, '유물을 잘 지킨다'는 뜻으로는 '유물 보존'이라고 쓰는 거야.

좀 어렵지만 기억하자. 환경은 보전! 유물은 보존!

일체 vs 일절

심부름 가능!

- 형 형! 바빠?
- 아니, 무슨 일이야?
- 내가 요즘 용돈이 좀 부족해서 어떡하면 좋을지 생각을 해 봤는데….
- 뭐? 형이 그제 용돈 줬잖아.
- 아, 그게! 어제 친구들한테 한턱내느라 다 썼어.
- 헉
- 어쨌든 내가 좋은 방법을 생각해 냈어.
- 그게 뭔데?
- 사진 찍어서 보낼게. 한번 봐 줘.

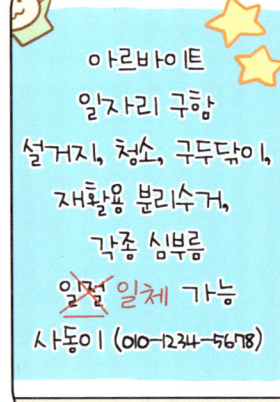

야코의 강박 맞춤법

'일절'은 '아주, 전혀, 절대로'의 뜻으로, 어떤 행위를 그치게 하거나 어떤 일을 하지 않을 때에 쓰는 말이야. 예를 들어 '이곳에서는 일절 사진을 찍을 수 없습니다'처럼 뒤에 부정적인 말이 오지.
'일체'는 '모든 것, 전부'라는 뜻으로 긍정과 부정의 말 모두에 쓸 수 있어.

늘 갑자기 나타나서 도와주는 멋진 형…. 정체가 뭘까?

응원할 땐?
건투를 빈다 vs 권투를 빈다

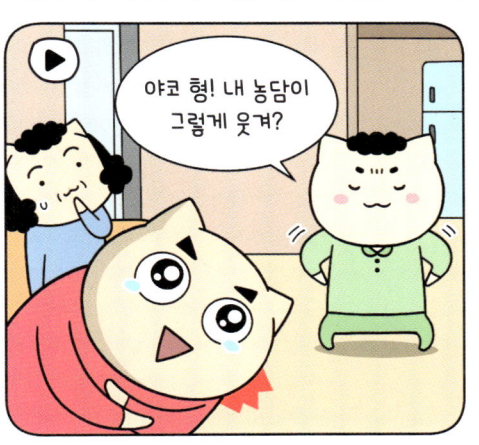

재활용하자!
우유갑 vs 우유곽

약속은?
다르다 vs 틀리다

야코의  강박 맞춤법

'다르다'와 '틀리다'를 혼동해서 쓰는 경우가 흔한데, 두 단어는 쓰임새가 아주 달라서 잘 구별해 써야 해.
'다르다'는 '비교가 되는 대상이 서로 같지 않음'을 나타내고, '틀리다'는 '셈이나 사실 따위가 그르거나 어긋남'을 의미하지.

예) 쌍둥이지만 생김새가 서로 <u>다르다</u>.
　　그 친구와 생각이 <u>달라서</u> 너무 힘들었다.
　　답이 <u>틀리다</u>.
　　대사를 하나도 안 <u>틀리고</u> 잘도 외웠다.

111

로봇은?
조종 VS 조정

- 형 형!
- 사동아, 안녕?
- 형! 어떡하지?
- 내 인공 지능 로봇 보보가 고장났나 봐. 안 움직여.
- 아! 그래?
- 형! 아까 우리 집에 왔다 갔다며? 혹시 내 보보 만졌어?
- 아니? 절대로?
- 어제까지 조정이 잘 됐는데 오늘 안 되네.
- 다시 잘 조정해 봐.

야코의 강박 맞춤법

사동이처럼 '조종'과 '조정'이 헷갈린다면 비행기 조종사를 떠올려 봐. '조종'은 '비행기나 배, 자동차 따위의 기계를 다루어 부림' 또는 '다른 사람을 자기 마음대로 다루어 부림'이란 의미가 있거든. 이와 달리 '조정'은 '어떤 기준이나 사정에 맞게 다듬고 정돈함'이란 뜻이야.

쪽지 시험

다음 문장에 들어갈 알맞은 단어를 골라 보세요.

① 그 친구는 전투기 (조종/ 조정)에 있어서는 최고 실력자야.

② 공공요금 (조종/ 조정)을 위한 회의가 시작되었다.

정답: ① 조종 ② 조정

다시 만나는 날
머지않아 vs 멀지 않아

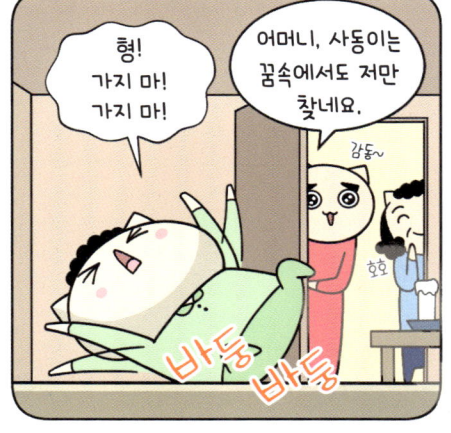
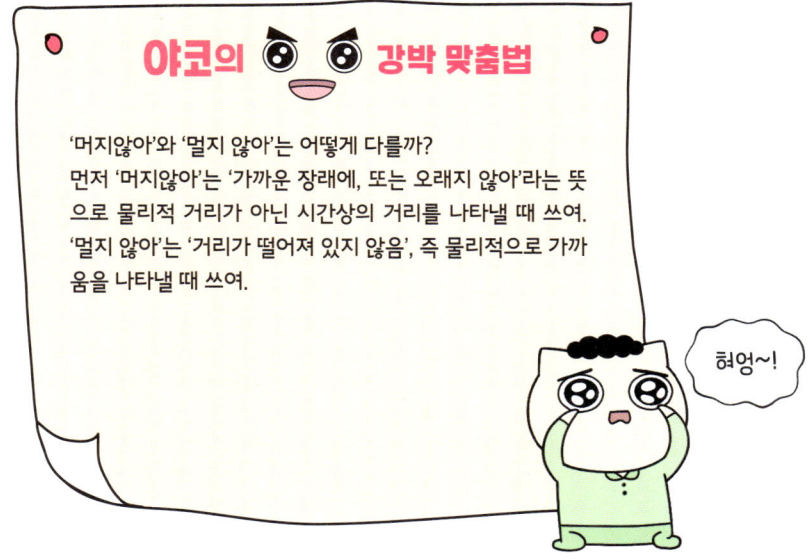

야코와 함께 부르고 싶은 노래 ♪♬

우리나라 국민이라면 누구나 알아야 할 애국가! 하지만 어린이에게 어려운 단어도 있고, 게다가 4절까지 몽땅 외우기는 쉽지 않아. 다시 한번 애국가를 1절부터 4절까지 꼼꼼히 읽어 보고, 틀린 부분을 책에서 배운 대로 바르게 고쳐 보자.

▶ 애국가

1절

동해 물과 백두산이 마르고 달토록
하느님이 보우하사 우리나라 만세.

무궁화 삼천리 화려 강산
대한 사람 대한으로 길이 보전하세.

 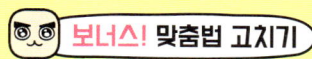

2절

남산 위에 저 소나무 철갑을 둘른 듯
바람 서리 불변함은 우리 기상일세.

무궁화 삼천리 화려 강산
대한 사람 대한으로 기리 보전하세.

3절

가을 하늘 공할한데 높고 구름 없이
밝은 달은 우리 가슴 일편단심일세.

무궁화 삼천리 화려 강산
대한 사람 대한으로 길이 보전하세.

4절

이 기상과 이 맘으로 충성을 다하여
괴로우나 즐거우나 나라 사랑하세.

무궁화 삼천리 화려 강산
대한 사람 대한으로 길이 보존하세.

정답: 둘른 → 두른 / 기리 → 길이 / 공할 → 공활 / 보존 → 보전

우리 큰 형은
키 큰형
여행을 한 달 간
다녀왔어요.

4장

아는 만큼 보이는 띄어쓰기 * 문장 부호

사동이의 엉망진창 일기

한번 vs 한 번

~~하교길~~에 백설이랑 편의점에 갔다.
하굣길

"사동아, ~~이아이스크림~~ 진짜 맛있어. ~~한 번~~ 먹어 볼래!"
  이 아이스크림   한번

백설이가 물었다.

나는 땅콩을 싫어하지만 ~~한 번~~ 시도해 보기로 했다.
                  한번

"으음! 달콤해!"

백설이 말대로 그 아이스크림은 정말 ~~마시썼다~~.
                          맛있었다

내일 학교에 가서 말해야겠다.
"백설아, 우리 나중에 꼭 ~~한번더~~ 먹자."
                  한 번 더

야코의 강박 맞춤법

▶ '한번'처럼 붙여 써야 할 때는 '시도', '기회', '강조'의 의미로 쓸 때야. 문장으로 예를 들어 볼게.
"우리 무섭지만 한번 저 놀이 기구 타 보자." (시도)
"나중에 한번 보자." (기회)
"노랫소리 한번 우렁차네!" (강조)

▶ '한 번'처럼 띄어 써야 할 때는 '한 번', '두 번', '세 번'처럼 횟수의 의미로 쓰일 때야.
"이번 한 번만 용서해 주세요."

잘 구별해서 바르게 쓰도록 하자.

못하다 vs 못 하다

 형! 형 형!

 사동아, 한 번만 불러도 돼.

 내가 아빠 생일 카드 썼는데 틀린 맞춤법 있는지 봐 줘.

> 아빠 생일 축하해요.
> 제가 청소를 잘 못 하지만
> 내일은 아빠를 위해 집 청소를 할게요.
> 선물은 아직 준비를 못했어요.
> 청소를 하고 용돈을 받으면 다 드릴게요.
> 아빠 사랑해요.
> 　　　　　　　　사동 올림

 형! 틀린 데 없지?

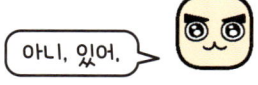 아니, 있어.

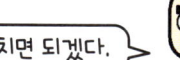 이렇게 띄어쓰기만 고치면 되겠다.

제가 청소를 잘 못 하지만
못하지만
선물은 아직 준비를 못했어요.
못 했어요.

 아, 그렇구나!

 사동아, 그리고 이따 우리 집에 들르면 형이 용돈 줄게, 그걸로 아빠 선물 사 드려.

 감사! 감사!

야코의 강박 맞춤법

'못하다'와 '못 하다'는 쓰는 말이 똑같은데도 붙여 쓰느냐 띄어 쓰느냐에 따라 의미가 달라져.
'못하다'처럼 붙여서 쓰면 일 자체를 잘하지 못한다는 의미가 되고, '못 하다'처럼 띄어 쓰면 시간이나 여건이 되지 않아 할 수 없었음을 나타내지. 잘 구분해서 쓰도록 하자.

 킥킥, 작전 성공!

⌒같이 vs ∨같이

 형 형!

응, 사동아!

 백설이가 나한테 편지 줬는데 답장을 뭐라고 써 줘야 할까?

> 사동아, 숙제 빌려줘서 고마워.
> 너 같이 착한 친구는 없을 거야.
> 오늘 학교 끝나면
> 떡볶이 먹으러 같이가자.
> 내 용돈으로 아이스크림도 사 줄게.
> 꼭 같이가자.
>
> 　　　　　　　　　백설이가

이건 그냥 쪽지네. 그래도 꼭 답장을 하고 싶다면⋯.

백설아, 네가 중요한
띄어쓰기를 틀려서 알려 줄게.

사동아, 숙제 빌려줘서 고마워.

~~너같이~~ 착한 친구는 없을 거야.
너같이

오늘 학교 끝나면

떡볶이 먹으러 ~~같이가자.~~
같이∨가자.

내 용돈으로 아이스크림도 사 줄게.

꼭 ~~같이가자.~~
같이∨가자.

　　　　　　　　　　백설이가

형!
형이 왜 여자 친구가 없는지 알겠어.

야코의 강박 맞춤법

'같이'는 '함께', '다름없이'란 뜻의 부사로 쓰일 때와 조사로 쓰일 때가 달라. 조사로 쓰일 때는 '같이' 대신 '처럼'을 써도 의미가 통해. 예를 들어 '너같이(처럼) 좋은 친구'라고 쓸 때 조사로 쓰인 거고 이럴 때는 붙여 써. 이와 달리 '같이 가자', '예상한 것과 같이 일이 잘 됐어'에서 '같이'는 부사로 쓰여서 띄어 써야 해.

흑흑흑

한 개, 두 개 vs 한개, 두개

야코야, 엄마 급히 주민 센터에 좀 다녀올게. 미안하지만 요 앞 마트에 가서 야채 몇개랑 고기 좀 사다 줘.

감자 세개
당근 두개
양파 세개
카레 가루 한개
카레용 고기 한팩

야코야, 엄마 급히 주민 센터에 좀 다녀올게. 미안하지만 요 앞 마트에 가서 야채 몇개랑 고기 좀 사다 줘.
몇 ˇ개랑

감자 세개 세 ˇ개
당근 두개 두 ˇ개
양파 세개 세 ˇ개
카레 가루 한개 한 ˇ개
카레용 고기 한팩 한 ˇ팩

부르르

야코의 강박 맞춤법

낱으로 된 물건을 세는 의존 명사 '개'는 띄어 쓰는 게 원칙이야.
한 개, 두 개, 세 개… 처럼 말이지. 그런데 숫자와 함께 쓰이는 경우에는 1개, 2개, 3개처럼 붙여 쓸 수도 있단다.

형 형!

안녕, 사동!

나 궁금한 게 있어.

뭔데?

키가 큰 형.

우리 큰형.

책에서 봤는데
'키가 큰 형'은 띄어 쓰고
'우리 집 첫째, 큰형'은 붙여 쓰는 게 맞아?

오! 정확해!

또 있어.
'크기가 큰 집은 큰 집'이고
'큰아버지네 집은 큰집'이 맞아?

우리 사동이 천재구나!

형! 그럼 내가 쓴 문장이 맞는지 좀 봐 줘.

> 우리 야코 형은 키 큰 형은 아니지만
> 우리 집안에서 제일 큰형이다.
> 야코 형이 키 작은 형이라도
> 우리 집안에서 제일 멋있다.

사동아, 너 또 용돈 떨어졌지?

 헤헤! 어떻게 알았어?

야코의 강박 맞춤법

'큰'을 다른 단어 앞에 쓰면 띄어 쓸 때와 붙여 쓸 때 의미가 달라져.
'큰 형'은 '키나 덩치가 큰 형'을 나타내고 '큰형'은 '나이가 제일 많은 형'을 의미하지. 사동이가 말한 것처럼 크기가 큰 집은 '큰 집'으로, 큰아버지네 집은 붙여서 '큰집'으로 쓴단다.

형! 우리 여기 같이 가자!

어디?

내가 오늘 하굣길에 받아 왔거든.

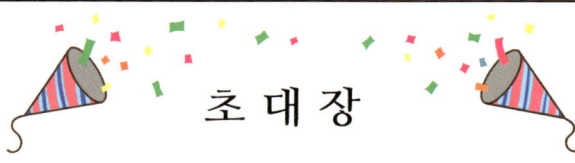

초 대 장

즐거운 PC방 오픈 기념 행사
어울림 놀이터에 초대합니다.
친구간, 가족간
상관없이 짝을 지어 오세요.

오픈 행사는 5/1~5/7(오후 5-7시)
일주일 간 진행됩니다.
위치: 빨간내복로 123 즐거운 PC방

주인장 올림

왜? 형, 바빠?

 아니, 같은 단어를 띄어 써야 할 땐 붙여 썼고 붙여 써야 할 땐 띄어 썼네.

 나는 그냥 친구 간에 짝지어 가는 게 좋겠어. 행사는 일주일간 진행된다니 형도 양양, 하몽, 츄리 형이랑 같이 가.

 우아! 사동이 멋진데! 사동아, 같이 가자. 제발 나랑 같이 가 줘.

 흥! 한번 생각해 볼게.

야코의 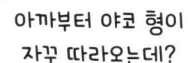 강박 맞춤법

'간'이 두 대상의 사이나 관계를 뜻할 때는 앞말과 띄어 써야 해. 그러니 사동이가 받아 온 초대장에서 '친구간, 가족간'을 붙여 쓴 건 잘못됐어. '친구 간, 가족 간'으로 띄어 써야 하지. 단, '남매간', '부부간', '형제간'처럼 한 낱말로 굳어진 경우는 예외란다.

'간'이 '동안'이라는 뜻으로 기간을 나타낼 때는 앞말에 붙여 써야 해. '일주일간, 한 달간'처럼 말이야.

 아까부터 야코 형이 자꾸 따라오는데?

⌒만큼 vs ∨만큼

- 형 형!
- 사동아, 학교 벌써 끝났어?
- 응, 지금 막 왔어. 형! 내가 국어 시간에 지은 시 좀 볼래?
- 그럼. 우리 사동이가 지은 시인데 봐야지.

제목: 야코 형

나는 야코 형이 세상에서 제일 좋아.

얼마나 좋냐고?

하늘 만큼 땅 만큼 우주 만큼 좋지.

나는 야코 형이 세상에서 제일 좋아.

밥 많이 먹고

형 만큼 자라서

형 만큼 멋진 어른이 돼야지.

제목: 야코 형

나는 야코 형이 세상에서 제일 좋아.

얼마나 좋냐고?

하늘 만큼 땅 만큼 우주 만큼 좋지.
하늘만큼 땅만큼 우주만큼

나는 야코 형이 세상에서 제일 좋아.

밥 많이 먹고

형 만큼 자라서
형만큼
형 만큼 멋진 어른이 돼야지.
형만큼

야코 형 너무 감동해서 우는 거 아냐?

형! 정말 이러기야?

바로잡을 건 바로잡아야지.

야코의 강박 맞춤법

'만큼'은 띄어쓰기를 해야 할 때와 붙여 쓸 때를 구분해야 해. 사동이가 쓴 시에서처럼 하늘, 땅, 우주, 형과 같이 사물이나 사람 뒤에 '만큼'이 붙으면 조사로 쓰이는 경우라 붙여서 써야 해.

'만큼'을 띄어쓰기 해야 할 때는 다음 문장처럼 의존 명사로 쓰일 때야.

예) 노력한 만큼 대가가 있기를! / 교실 안은 숨소리가 들릴 만큼 고요했다.

형은 낭만을 몰라.

흑흑

⌒대로 vs ✓대로

- 형! 형 형!
- 왜? 무슨 일이야?
- 형, 나 국어 숙제 좀 도와줘.
- 무슨 숙제인데?
- 아래 두 가지 다른 쓰임새와 같은 문장을 각각 다섯 개씩 만들어 오시오.

  1) 네 멋대로 해라.
  2) 마음 가는 대로 따라간다.

- 하나도 모르겠어. 너무 어려워.
- 흠, 숙제는 스스로 해야지. 일단 사전에서 찾아봤어?
- 응. 집에 와서 지금까지 계속 찾고 있어.

야코의 강박 맞춤법

'대로'도 '만큼'처럼 띄어 쓸 때와 붙여 쓸 때가 달라. '네 멋대로 해라'에서 '대로'는 조사로 쓰였어. 이때는 앞말에 붙여 써야 해.
예) 뜻대로 하세요. / 너는 너대로 나는 나대로

'마음 가는 대로 따라간다'에서 '대로'는 의존 명사로 쓰였어. 이때는 '어떤 모양이나 상태와 같이', '어떤 상태나 행동이 나타나는 그 즉시'의 의미가 담겨 있고 이때는 반드시 띄어쓰기를 해야 해.
예) 틈나는 대로 찾아보다. / 들은 대로 말하다. / 지칠 대로 지쳤다.

여러 가지 문장 부호

아니, 그냥 내 속마음을 써 본 거야.

 속마음을 적을 땐 작은따옴표를 써야 해.

 이게 뭐야?

 나 요즘 문장 부호 공부 중이야. 이거 재밌네. 형! 공부 좀 하고 다시 올게.

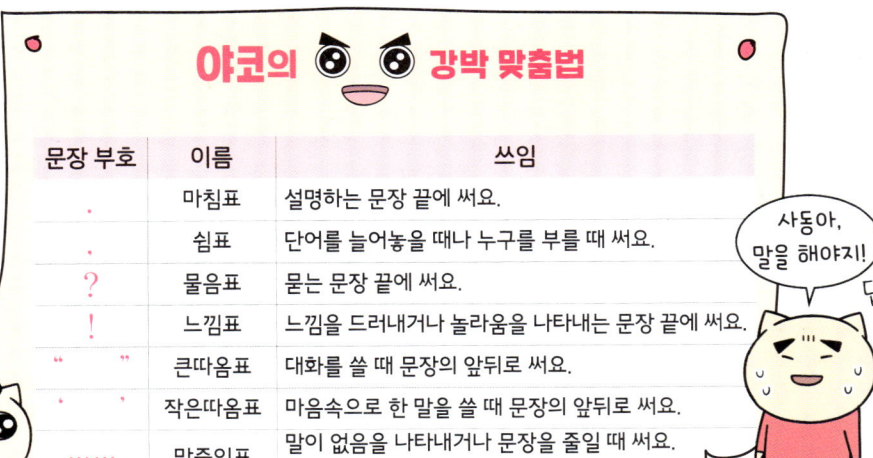

야코의 강박 맞춤법

문장 부호	이름	쓰임
.	마침표	설명하는 문장 끝에 써요.
,	쉼표	단어를 늘어놓을 때나 누구를 부를 때 써요.
?	물음표	묻는 문장 끝에 써요.
!	느낌표	느낌을 드러내거나 놀라움을 나타내는 문장 끝에 써요.
" "	큰따옴표	대화를 쓸 때 문장의 앞뒤로 써요.
' '	작은따옴표	마음속으로 한 말을 쓸 때 문장의 앞뒤로 써요.
……	말줄임표	말이 없음을 나타내거나 문장을 줄일 때 써요. 줄여서 …라고 쓰기도 해요.

사동아, 말을 해야지!

답답

사동이의 완벽한 그림일기

20☆■년 ▲월 ◇일 맑음 ☀

　　우리　반　　　친구들과①
같이　　가을　　　숲으로　다②
체험　　학습을　을　　떠났다.
　　선생님을③　따라　　숲
속을을　한참　　걸어가서
밤　　　주웠다.
　　④"아!　　⑤따가워."⑥
　　여기저기서　친구들
의　　외침이　　들려왔다.
나는　　밤을　　열　개나
주웠다.
　　　'다음에　　또　가면
백　　개쯤　　주워야지.'⑥

140

야코의 강박 맞춤법

① '친구들과 같이'처럼 띄어 써야 하지만 줄 바꿈을 할 때는 띄지 않기.
② 각 줄 마지막 칸에 쉼표를 찍거나 마침표를 찍을 때는 마지막 글자와 같은 칸에 쓰기.
③ 내용 단락이 바뀔 때는 첫째 칸을 띄어쓰기.
④ 큰따옴표를 쓸 때는 반드시 줄을 바꾸고 한 칸을 띄어쓰기.
⑤ 느낌표나 물음표 뒤에 문장을 이어서 쓸 때는 반드시 한 칸을 띄어쓰기.
⑥ 마침표 뒤에 오는 큰따옴표나 작은따옴표는 마침표가 있는 칸에 작성하기.

야코와 함께 노래를

반복 학습이라고 들어는 봤나? 야코와 친구들의 노래 〈나만 아니면 돼〉를 조금씩 변형해 보며, '되'와 '돼'의 쓰임을 확실히 익혀 보자. 옳은 맞춤법에 O 표시 하며 함께 따라 불러 봐.

QR코드를 찍어 봐!

▶ 나만 아니면 돼

야코의 맞춤법 팁

'돼'는 '되어'의 줄임말이야. '되'인지 '돼'인지 헷갈린다면, 헷갈리는 문장에 '돼' 대신 '되어'를 넣어 봐. '되어'가 자연스럽다면 '돼'를, 어색하다면 '되'를 쓰면 돼. 이와 비슷하게, '하'와 '해'를 넣어 본 뒤 '하'가 어울리면 '되', '해'가 어울리면 '돼'를 넣는 방법도 있어.

좋은 팁이야!

실전! 반복 테스트

가위바위보! 가위바위보!
아싸! 나만 아니면 ① 되 / 돼!

가위바위보! 가위바위보!
나만 아니면 ② 될까 / 됄까?

가위바위보!
어? 얘네 늦게 냈다.
나만 아니면 ③ 되지 / 돼지! 나만 아니면 ④ 된다 / 됀다.

지들이 다 먹고 내가 왜 치워야 해?
서너 입 먹었는데 내가 왜 치워야 해?
이대로 물러설 수는 없어.
이번 판은 공정하게 묵찌빠로 한번 가 보자고!

가위바위보!
묵 - 빠 - 찌 - 빠 - 묵 - 빠 - 묵 - 빠 - 묵 - 찌

나만 아니면 ⑤ 됬지 / 됐지!
우리만 아니면 ⑥ 되요 / 돼요!

얘들아, 진짜 너무하구먼.

햄C야, 내가 도와줄게.

야, 야코야! 감동이야!

아싸! 햄C야, 잘 부탁해!

정답: ① 돼 ② 될까 ③ 되지 ④ 된다 ⑤ 됐지 ⑥ 돼요

143

**빨간내복야코 ②
맞춤법 절대 안 틀리는 책**

초판 1쇄 발행 2024년 7월 17일
초판 4쇄 발행 2025년 5월 5일
원작 빨간내복야코 글 박종은 그림 이영아
감수 샌드박스네트워크
펴낸이 최순영

교양 학습 팀장 김솔미 편집 이연지
키즈 디자인 팀장 이수현 디자인 오세라 교정·조판 김효정
펴낸곳 ㈜위즈덤하우스 출판등록 2000년 5월 23일 제13-1071호
주소 서울특별시 마포구 양화로 19 합정오피스빌딩 17층
전화 02) 2179-5600 내용문의 02) 2179-5727
홈페이지 www.wisdomhouse.co.kr 전자우편 kids@wisdomhouse.co.kr

ⓒ빨간내복야코.
ⓒSANDBOX NETWORK Inc. ALL RIGHTS RESERVED.
ⓒ이영아.

ISBN 979-11-7171-232-8 73710

* 이 책은 ㈜샌드박스네트워크와의 정식 라이선스 계약에 의해
  ㈜위즈덤하우스에서 제작·판매하므로 무단 복제 및 전재를 금합니다.
* 이 책의 전부 또는 일부 내용을 재사용하려면 반드시 사전에
  저작권자와 ㈜위즈덤하우스의 동의를 받아야 합니다.
* 인쇄·제작 및 유통상의 파본 도서는 구입하신 서점에서 바꿔드립니다.
* 책값은 뒤표지에 있습니다.
* 이 책의 사용 연령은 8~13세입니다.